Ln 27/18878

ÉLOGE
DE SERVAN,

PRONONCÉ

A LA SÉANCE D'OUVERTURE DES CONFÉRENCES DE L'ORDRE
DES AVOCATS DE GRENOBLE,

LE VENDREDI 17 DÉCEMBRE 1858,

PAR

JOSEPH LAVAUDEN,

Avocat près la Cour impériale de Grenoble.

GRENOBLE,
IMPRIMERIE MAISONVILLE, RUE DU QUAI, 8,
Vis-à-vis le Jardin de Ville.

1859.

A MONSIEUR MICHAL-LADICHÈRE,

ANCIEN BATONNIER.

ÉLOGE DE SERVAN.

Messieurs, mes chers Confrères,

La vie de Servan, que j'ai à vous raconter, n'est pas seulement la vie d'un grand magistrat; et, lorsque le dernier chef de notre barreau a voulu que cet éloge inaugurât la reprise de nos conférences, il savait bien que nous pourrions rendre hommage à la mémoire de l'illustre avocat général, sans nous oublier nous-mêmes. — Il est bien rare que les gloires de la magistrature soient étrangères au barreau; mais parmi les grands noms qui ont illustré l'une et l'autre toge, Servan est peut-être la plus frappante image, le plus vrai symbole de leur union et de leur alliance : placé aux confins de l'ancien ordre social qui s'écroulait et de l'ère nouvelle qui allait commencer, il rappelle à la magistrature ses plus anciennes et ses plus glorieuses traditions, en même temps qu'il annonce à notre ordre de plus grandes destinées et de nouveaux devoirs. Le magistrat, gardien jaloux des libertés publiques, l'avocat, qui réhabilite la mémoire des victimes d'une procédure sanguinaire, le publiciste réformateur, le héraut d'armes de cette révolution dont il résume toutes les généreuses tendances, — tendances qui ont résisté à tant de crimes commis en leur nom, — c'est toujours le même homme à la poursuite de la même pensée largement et philosophiquement conçue : le progrès de la liberté sociale.

Mais, disons aussi tout de suite, Messieurs, ce qui est la partie la plus pure de sa gloire, ce qui a rendu ma tâche plus facile : au milieu de ce xviiie siècle où la sophistication de l'esprit et le desséchement du cœur n'avaient épargné ni les grands caractères ni les plus belles intelligences, nous pourrons nous reposer avec bonheur dans la contemplation de cette âme choisie, qui semble briller d'un plus vif éclat, parce qu'on sent en elle la flamme du spiritualisme et le feu de l'enthousiasme ; — Nous pourrons l'étudier et la montrer tout entière, sans ménagement et sans détour, parce que, dans ses conceptions les plus hardies et jusque dans ses agressions les plus violentes, elle est toujours restée sur les hauteurs de la morale et de l'intelligence ; — Nous apprendrons de Servan ce que c'est que la volonté généreuse du devoir, du bien avant tout, malgré tout et quoi qu'il advienne ;

— et, en parcourant ces réformes qu'il a réclamées avec tant d'énergie, ces conquêtes auxquelles il a attaché son nom et qui sont devenues le point de départ de nos garanties les plus précieuses et de nos plus chères institutions, nous acquitterons la dette de reconnaissance que nous lui devons comme Français et comme ses compatriotes.

Il est déjà bien loin de nous, mes chers Confrères, le temps de ces convictions ardentes, de ces luttes passionnées, de ces intrépides dévouements qui animaient tant de fermes esprits, qui inspiraient tant de nobles conduites ! Ces belles pages de nos annales publiques, à demi effacées de nos souvenirs, ne sont-elles pas toutes froides et toutes glacées pour nous ? C'est que l'opinion ne juge les œuvres que dans leur maturité ; elle ne tient guère compte des efforts. — Aujourd'hui que les principes d'égalité civile, de tolérance religieuse, de liberté individuelle, de liberté de la défense, sont devenus des vérités vulgaires, des axiomes, des nécessités morales, en quelque sorte, nous avons peine à concevoir tout ce qu'il a fallu de hardiesse, de courage, de persévérance, et parfois même d'imprudente générosité, pour arracher, pièce à pièce, les derniers restes de la barbarie, qui avaient reçu la double consécration de la superstition et du temps. N'oublions pas que ces vérités vulgaires, ces nécessités morales de notre civilisation moderne ont été bien longtemps l'objet des vœux les plus hardis, des plus téméraires espérances. N'oublions pas les luttes qu'elles ont coûtées : car il a fallu lutter, lutter même pour l'abolition de la torture ; et les publicistes n'avaient pas seulement à combattre l'inertie et l'indifférence du législateur : ils rencontraient encore des adversaires qui joignaient à l'aveuglement des préjugés toute la violence du fanatisme (1).

Il aurait fallu, Messieurs, une autre plume que la mienne pour ranimer ces débats éteints, pour rendre la grandeur de ces discussions qui tenaient la nation dans l'attente et l'anxiété, alors qu'il n'était pas sans danger d'élever la voix, alors que tant d'obstacles rendaient encore la victoire de l'humanité si douteuse et si lointaine.

Bien des révolutions nous séparent, comme par un abîme, de notre passé : essayons de mesurer la profondeur de cet abîme, Messieurs, et alors nous pourrons être justes envers ceux qui ont osé entreprendre de le combler.

On était au milieu du xviiie siècle : ce lent et laborieux noviciat de la liberté s'accomplissait dans un singulier mélange de lumières, de progrès, de vertus ; mais en même temps d'erreurs et de souillures qui l'ont chargé de tant de haine, que les jours d'une impartiale postérité sont à peine venus pour lui, et que le jugement, même le

---

(1) Nous nous contenterons de citer Muyart de Vouglans, conseiller au grand conseil, c'est-à-dire *un homme du pouvoir ;* il combattit les principes d'humanité de Beccaria, défendit la torture, attaqua le système de l'auteur de l'*Esprit des Lois*, touchant la modération des peines. Ses ouvrages sont restés célèbres comme objet de curiosité historique. M. Dupin jeune a résumé ainsi son système : *Tuer le plus de monde avec le moins de formalités possible.* Mme Rolland a écrit de lui dans ses Mémoires : *Je n'ai jamais rencontré d'homme dont la sanguinaire intolérance m'ait autant révoltée.* — Il suffit de rappeler aussi l'opposition de d'Eprémenil à l'enregistrement de l'édit de 1787, qui rendait l'état civil aux protestants. Il s'écria en plein parlement, en montrant l'image du Christ : *Que la magistrature allait le sacrifier une seconde fois !*

plus calme et le plus vrai, de ce qu'il portait en lui de salutaire et d'utile, conservera longtemps encore quelque chose de militant et de contesté.

L'esprit d'indépendance et de libre examen, admirablement servi par une littérature brillante et populaire, était encore surexcité par les persécutions et les tracasseries maladroites d'un pouvoir si faible, si méprisé, si compromis, que la faveur était dégradante et la disgrâce honorable. — Nos parlements, qui avaient été si longtemps la seule barrière qui protégeât les franchises nationales, après s'être laissé déborder par la monarchie absolue, se trouvaient d'autre part débordés par les novateurs. Dans cette situation périlleuse ils refusaient néanmoins d'entrer dans les voies réparatrices qui leur étaient ouvertes, et, s'obstinant dans leur vieil esprit routinier, ils vérifiaient le jugement sévère que Servan a porté d'eux : « Suivez bien les parlements, dit-il, vous les trouverez toujours au delà de leurs droits et toujours en deçà de nos lumières (1). » Les idées avaient partout remplacé les croyances. En face de chaque autorité, de chaque institution politique, civile ou religieuse, on avait posé le redoutable problème de son origine ; on avait pesé sur tous les ressorts de l'ordre social et l'on avait vu qu'ils manquaient de toutes parts.

L'opinion avait tout miné, mais tout était encore debout : les lettres de cachet allaient toujours leur train; on emprisonnait à la Bastille sans jugement ; l'horreur

---

(1) *Petit colloque élémentaire entre M. A et M. B sur les abus, le droit, la raison, les états généraux, les parlements et tout ce qui s'ensuit; par un vieux jurisconsulte allobroge* (SERVAN).

des prisons faisait envier l'échafaud, et les condamnés n'obtenaient la mort qu'après les supplices de la torture. Nos coutumes étaient encore souillées de quelques-unes de ces anciennes maximes qui insultaient à la raison et outrageaient la pudeur ; le front avili du serf se courbait encore sur la terre féodale. — Depuis la fameuse révocation de l'édit de Nantes, la misérable fiction : *Il n'y a plus d'hérétiques en France*, laissait quatre millions de Français sans culte, sans famille! il y avait encore des procès faits à la mémoire, des cadavres traînés sur la claie et jetés à la voirie, des biens confisqués pour faire expier aux morts la foi qu'ils avaient emportée dans la tombe ! — Et tout cela, Messieurs, au bruit, je ne dirai pas seulement des plus humaines, mais des plus licencieuses paroles qui eussent jamais été entendues...!

On commençait à se lasser de ce long repos, de ces sophismes stériles, de cet égoïsme sensuel qui abaissait la pensée, sans l'affranchir. Parties des hauteurs d'une société corrompue, les idées nouvelles, descendant progressivement dans les masses, commençaient à se populariser sous la plume démocratique de Rousseau, et allaient devenir de plus en plus menaçantes à mesure que la monarchie s'avilissait et accumulait ses fautes.

C'est à ce moment, Messieurs, que le siége d'avocat général dans l'étroite enceinte de notre palais allait devenir une magnifique tribune : tribune hardie, où tous les abus, toutes les erreurs seraient courageusement dénoncés et intrépidement combattus ; tribune tutélaire, qui recueillerait toutes les plaintes et garderait tous les droits ; mais qui, bientôt, impuissante à défendre la cause des mœurs, serait réduite à se venger par le silence,

Joseph-Michel-Antoine de Servan était né à Romans, le 3 novembre 1737, quarante-huit ans après Montesquieu (1), quarante-trois après Voltaire (2), trente-six après La Chalotais (3), vingt-cinq après Rousseau (4), vingt-quatre après Diderot (5), sept avant Dupaty (6), neuf avant Portalis (7), douze avant Mirabeau (8). Telle est, Messieurs, la génération de Servan, et c'est déjà dire bien des choses.

Son père, qui le destinait à la magistrature, l'envoya successivement étudier à Lyon et à Paris. Ce séjour à Paris ne lui fut pas inutile ; la capitale offrait alors le contraste le plus singulier, j'oserai même dire le plus grotesque : d'un côté, ce sont les écrivains de la secte encyclopédique, qui ne respectent rien, qui épuisent contre l'autorité, trop souvent contre la morale, tout ce que l'esprit a de plus inventif et de plus ingénieux, tout ce que la raillerie a de plus mordant, tout ce que l'analyse et la logique ont de plus inexorable ; et, de l'autre côté, un roi, Louis XV, — c'est assez de le nommer, — des princes, des grands seigneurs, des gentilshommes assez voluptueux pour être insouciants, qui sourient à ces doctrines dissolvantes, tout en se donnant le plaisir, lorsqu'ils se croient touchés de trop près, d'envoyer à la

---

(1) Montesquieu, né en 1689, mort en 1755.
(2) Voltaire, né en 1694, mort en 1778.
(3) La Chalotais, né en 1701, mort en 1785.
(4) Rousseau, né en 1712, mort en 1778.
(5) Diderot, né en 1713, mort en 1784.
(6) Dupaty, né en 1744, mort en 1788.
(7) Portalis, né en 1746, mort en 1807.
(8) Mirabeau, né en 1749, mort en 1791.

Bastille ou au donjon de Vincennes ces écrivains dont ils dévorent les livres, dont ils chérissent les doctrines.

Pour mettre le comble au ridicule, un règlement de l'année 1760 vint interdire l'entrée de la cour à quiconque ne prouverait pas, *au moins d'après trois titres originaux, qu'il était noble de race en l'année 1400*! Servan, jeune étudiant alors, ne songeait guère à faire son entrée à la cour; mais, quoique noble, il ne pouvait lui échapper qu'il était du nombre de ceux qui restent court dans la recherche de leurs aïeux; il ne pouvait probablement pas remonter jusqu'à l'année 1400, ou, tout au moins, les trois originaux exigés par le règlement lui auraient manqué. Je ne sais s'il n'eut pas à essuyer quelques-unes de ces humiliations qui laissent des blessures d'autant plus profondes qu'elles sont plus secrètes; ce qu'il y a de sûr, c'est qu'il revint de Paris avec la rancune démocratique bien avant dans le cœur.

Son imagination impétueuse, son intelligence étendue et prompte, prenant tout au sérieux, le livraient aux influences les plus diverses et les plus contradictoires : il les subit toutes sans se laisser absorber par aucune d'elles. Séduit d'abord par la verve puissante et féconde de Diderot, il céda quelque temps aux attraits de la camaraderie encyclopédique, et se laissa éblouir par cette éloquence déclamatoire et boursoufflée dont ses chefs-d'œuvre n'ont que trop conservé l'empreinte. Mais le naturalisme, tout brillant qu'il fût de chair et de sang, manquait d'idéal, et à Servan il fallait un idéal.

Rousseau, le fervent apôtre du spiritualisme et de la liberté, entreprenait alors la réhabilitation morale de l'homme, en opposant sa philosophie religieuse à l'athéisme épicurien et aux doctrines matérialistes. Un même enthousiasme, une égale sensibilité rapprochèrent ces deux intelligences, jusqu'à ce que, magistrat austère et publiciste pratique, Servan eût reconnu, sous le grand écrivain, le moraliste fourvoyé, et, sous le peintre sublime, le rêveur utopiste. Plus tard, il devra prendre la plume pour flétrir de coupables révélations.

Appelant à son secours la philosophie et l'histoire, le jeune étudiant triompha des premières répugnances que lui avait inspirées l'étroit dogmatisme dont l'étude du droit ne s'était pas encore complétement dépouillée. Mais on peut dire de lui, avec vérité, qu'il étudia les lois avec son cœur plus encore qu'avec son esprit. S'attachant surtout à la trace ensanglantée des erreurs de notre ancienne législation criminelle, il amassa de bonne heure contre elle ce fonds d'indignation et de haine qu'il devait laisser éclater plus tard ; et en même temps, il se nourrissait de foi et d'espérance dans cet avenir que son imagination lui montrait si consolant, si plein de mystérieuses promesses, et où il croyait entrevoir déjà la rénovation sociale qu'il avait rêvée, c'est-à-dire la fin de toutes les servitudes, de toutes les inégalités, de tous les priviléges ; la France rajeunie sous une législation plus douce et plus pure, sous un ordre politique plus respectable et plus libre.

Enfin, l'*Esprit des lois* venait de paraître, et lorsqu'il put lire cette page brûlante (1) où la jeune israélite, au pied du bûcher de l'inquisition, essaie vainement de

---

(1) *Esprit des Lois*, liv. xxv, ch. 13.

toucher le cœur de ses juges, il n'y vit pas seulement, comme nous, une éloquente leçon adressée aux anciens âges :..... il n'y avait pas encore dix ans, Lisbonne venait de célébrer son dernier auto-da-fé, avec une magnificence qui jetait au siècle un sanglant défi.

Telles étaient, Messieurs, les idées qui fermentaient dans cette jeune et précoce intelligence, ouverte à tous les germes, capable de tout apprendre et de tout sentir au milieu de l'une des époques les plus actives de la pensée humaine.

Mais le travail, les veilles, et, par-dessus tout, le développement prématuré d'une sensibilité extrême, avaient affaibli son corps sur lequel toutes les secousses, tous les ébranlements de son âme agissaient par de redoutables contrecoups. Sous l'influence de cette douloureuse langueur, qui devait lentement consumer son existence, l'ardeur de sa jeunesse se tempérait d'une profonde et méditative mélancolie, qui faillit le faire dévier de sa route. Quand il en vint surtout à se heurter aux premiers angles d'une procédure astucieuse et subtile, son naturel, antipathique aux soins réguliers, aux obligations matérielles, aux affaires, en un mot, se montra longtemps rebelle.

Mais son père tenait fermement, et avec raison, au plan tracé, et après les premiers dégoûts et les premiers sacrifices, qui ne furent pas toujours supportés avec une résignation toute filiale, le jeune Servan dit à la poésie un adieu qui ne laissa pas que d'être pénible, et renonça à faire un instrument de frivolité de ces dons brillants qu'il devait consacrer aux grands intérêts de l'homme et de la vie sociale.

Il fallait se hâter, cependant, de donner une direction définitive à cette nature exubérante, inquiète et même un peu fébrile ; l'occasion se présenta bientôt, et à vingt-six ans, Servan était revêtu de l'éminente charge d'avocat général au parlement de Grenoble.

L'homme du roi resta l'homme de la veille, c'est-à-dire le philosophe mécontent du présent, avide de réformes et résolu à les faire triompher en dépit de toutes les résistances. Chargé, l'année suivante, du discours de rentrée au parlement, il saisit cette occasion pour faire sa profession de foi, et prit pour texte : *Des avantages de la véritable philosophie dans ses rapports avec les devoirs du magistrat* (1).

Ce discours, Messieurs, est une date bien mémorable. Jamais, en face d'un parlement, pareille invocation n'avait encore été faite à la philosophie ; jamais pareil manifeste n'avait encore été lancé par la magistrature contre la désolante immobilité des cours de justice. On sent déjà le commencement de cette transition nécessaire des idées dans les faits ; la philosophie du dix-huitième siècle, fatiguée de son rôle purement spéculatif, désenchantée, en quelque sorte, de la dictature qu'elle a exercée sur les intelligences, aspire à passer dans les événements extérieurs : Voltaire peut renoncer désormais à se faire Perrin Dandin, comme il le dit dans quelqu'une de ses lettres. Avec Servan, la philosophie a pénétré dans le sanctuaire de la justice, et, il faut bien le dire aussi, Messieurs, elle a trouvé en lui un organe plus digne et

---

(1) Voir : OEuvres choisies de Servan, publiées par M. de Portets en 1825, t. III, p. 1.

plus pur, car il n'a pas à encourir le reproche d'avoir propagé la réforme par la licence et d'avoir corrompu les mœurs pour enhardir les opinions. Ce n'est plus la philosophie frivole et licencieuse de la régence ; c'est la philosophie sérieuse, réfléchie, animée d'un sentiment actif de bienveillance sociale, qui prend pied dans l'ordre judiciaire, en même temps que Turgot commence à l'initier dans l'ordre administratif.

Mais il fallait être magistrat pour se permettre de si audacieuses nouveautés. Presque à la même époque, Portalis, à peine âgé de vingt ans, débutait comme avocat devant le parlement d'Aix, et, grâce au ton philosophique qui régnait dans sa plaidoirie, le compliment d'usage que la cour adressait aux débutants lui était refusé.

Suivons maintenant, Messieurs, l'avocat général dans l'exercice de son ministère ; voyons comment il saura élever un simple procès privé à la hauteur d'un événement politique; comment il saura, dans un réquisitoire ou dans une mercuriale, tracer un large plan de réforme et éveiller la sollicitude générale sur des questions qui n'avaient été jusque-là que des secrets de greffe et d'audience et qui, pourtant, contenaient en germe les principes les plus élémentaires de notre droit public.

Un jour, une pauvre femme était outrageusement chassée du lit conjugal par un époux qui, après l'avoir rendue mère de deux enfants, voulait satisfaire à la fois de coupables dégoûts et de criminelles passions. Ce jeu cruel, cette infâme trahison n'étaient cependant que l'application légale des édits de Louis XIV qui avaient enlevé l'état civil aux religionnaires : la femme était protestante, le mari se faisait catholique, et, en abjurant sa dernière croyance, le nouveau converti achetait le droit d'être impunément adultère. Les serments faits, *au désert*, en présence du pasteur, le contrat librement signé devant le notaire, la possession d'état, tout était ouvertement méconnu, et, ne craignant pas même d'afficher au grand jour le scandaleux prétexte de sa conversion, le néophyte venait marchander devant la justice le secours pécuniaire que le besoin de subsister réclamait pour la victime livrée à la honte et au désespoir.

Il ne s'agit donc pas pour Servan de soutenir la validité d'un mariage dont les édits et une jurisprudence constante ont proclamé la nullité. Magistrat, il doit à la loi le respect et la soumission qu'il lui a jurés ; mais les traits du tableau qui afflige son âme n'en rejailliront pas moins contre ce code de l'intolérance, qui, profanant ce qu'il y a de plus sacré, faisait de la débauche même un instrument de prosélytisme ; et, avant Portalis, avant Malesherbes et Louis XVI, la liberté de conscience aura trouvé dans la magistrature son plus éloquent et son plus zélé défenseur !

Ce réquisitoire de Servan est un des plus touchants et des plus parfaits modèles de l'éloquence judiciaire. Avec quelle ardeur il s'attache à cette proscrite ! Comme il a senti sa détresse, comme il s'est rempli de ses douleurs, comme il l'environne de son courage, comme il est heureux de pouvoir couvrir de l'égide de la législation naturelle celle qui n'a pas d'abri sous la législation positive. Cependant, il lutte contre son émotion, il s'efforce de retenir ses mouvements, il cherche à se replier dans la froide et calme dignité que lui commande son ministère, mais c'est en vain, la passion l'emporte, il cède, et l'effusion qui succède à la contrainte n'en est que plus touchante, parce qu'elle nous paraît encore plus sincère et plus spontanée.

On raconte que plusieurs fois l'auditoire éclata en sanglots, et les juges eux-mêmes ne purent déguiser leur sympathie : la cause était gagnée. Mais le siége du ministère public va devenir le rival de la tribune : le magistrat quitte en effet le cercle étroit de l'intérêt privé ; sa mission grandit ; il s'est fait le défenseur de tout un peuple ; son éloquence devient plus mâle et plus austère. Ecoutez les paroles qu'il met dans la bouche des protestants :

« Une de nos filles est outragée : nous partageons,
« nous ressentons tous ses maux. En vous demandant
« justice pour elle, elle vous la demande pour nous. C'est
« au nom de notre religion qu'on l'insulte ; nous sommes
« tous insultés avec elle. Magistrats équitables, regardez-
« nous, et voyez qui nous sommes ; songez qu'il n'y
« a pas un siècle que nous étions vos concitoyens ; son-
« gez que nous sommes encore vos frères. Autrefois,
« vos filles étaient nos femmes, et nos fils devenaient vos
« gendres ; nous ne faisions qu'un peuple avec vous.
« Aujourd'hui, nous sommes des infortunés. Mais enfin,
« nous sommes Français ; nous avons la même patrie, le
« même Évangile, le même Dieu que vous. Au nom de
« ce Dieu même qui prêcha la justice et la charité, que
« la haine de notre religion ne vous irrite pas contre
« nous ; aimez-nous d'abord et jugez-nous après. Vous,
« dont on vante l'équité pour tous les autres, ne nous
« exceptez pas de vos devoirs ; rendez-nous la justice
« pour nous, rendez-nous-la pour vous-mêmes. Magis-

« trats, qui aimez le bien public, songez que c'est nous
« qui, dans le midi de vos provinces, labourons vos terres
« et filons votre soie; nous supportons les charges du
« citoyen, sans prétendre à ses priviléges; nous fai-
« sons dans l'état tout ce qui est utile, sans espérer rien
« de ce qui est honorable.... »

Je n'ai plus maintenant le courage, Messieurs, de m'arrêter aux chicanes littéraires des académiciens et des rhéteurs; je ne vois plus dans Servan que l'homme éloquent de cette éloquence intérieure que l'on n'acquiert pas lorsqu'on la cherche; je ne vois que l'orateur qui s'abandonne à son âme plutôt qu'il ne se confie à sa mémoire, qui parle autant pour le soulagement de son cœur que pour le besoin de sa cause.

On ne se rappelle plus ces critiques systématiques et pointilleux qui s'insurgeaient contre sa renommée et niaient sa gloire naissante; mais ce que l'on n'a pas oublié, ce que l'on raconte encore dans notre ville, c'est que, citoyen généreux, philosophe élevé, esprit droit et pur, il se dévoua au progrès social et au bonheur de l'humanité avec tout l'enthousiasme de son expansive conviction; c'est que, orateur populaire, il avait la magie du débit, le charme varié d'une diction élégante et harmonieuse, la vivacité des images, le secret des grands mouvements, et que même il connut les soudaines illuminations du génie.

Quant à nous, Messieurs, il est surtout une chose que nous devrons toujours nous rappeler; c'est qu'en plaidant cette cause de la tolérance avec tant de zèle et tant de chaleur, il s'efforçait de réveiller plutôt que de déprimer les idées qui servent de fondement aux sentiments religieux. Soldat de la phalange philosophique, il avait emprunté d'elle le mouvement et la vie, sans se rendre le complice de ses dévergondages et de ses excès ; il pouvait, sans rougir, réclamer pour ses concitoyens la douceur des lois évangéliques ; et en consacrant à cette cause déjà si noble toutes les ressources de son talent, il l'embellissait encore de toute la candeur de son âme.

Son triomphe fut complet. Le parlement, en accordant la réparation demandée, se déclarait en faveur de la tolérance, et protestait contre cet odieux *contubernium* auquel la loi réduisait forcément toute une population.

Voltaire, le meneur infatigable du siècle, à la juridiction duquel aucune nouveauté importante n'échappait, et qui avait promis son protectorat au jeune petit avocat général de Grenoble (c'était le nom qu'il lui avait donné dans l'origine), lui écrivait cette fois, non plus pour lui apprendre qu'il s'intéressait vivement à ses succès, mais pour l'élever bien au-dessus de d'Aguesseau, et pour l'inviter sans façon à prendre place au-dessus de l'inutile fatras de Grotius et des saillies gasconnes de Montesquieu.

On a dit que tout homme doué de grandes facultés, et venu en des temps où elles peuvent se faire jour, est comptable par-devant son siècle et l'humanité d'une œuvre en rapport avec les besoins généraux de l'époque et qui aide à la marche du progrès. Servan a su remplir ce devoir ; il a son titre social, sa pièce monumentale qui lui assure une place à côté des plus grands publicistes du XVIIIe siècle : je veux parler de son célèbre discours sur l'administration de la justice criminelle. Mais ici, Messieurs, quelle carrière s'ouvre devant nous !

— 21 —

Vouloir la parcourir, ce serait moins continuer cet éloge qu'entreprendre la triste et longue étude des abus et des vices de nos anciennes lois pénales. Je dois cependant vous signaler les traits principaux de l'influence de Servan.

L'adoucissement des peines et la libre défense des accusés furent pour lui l'objet d'un véritable apostolat : c'était la méditation de sa vie ; c'était l'idéal vers lequel le ramenaient sans cesse ce zèle d'humanité, cette délicatesse de sentiments qui le faisaient compatir d'une manière si intime à toutes les douleurs.

Je ne veux pas, Messieurs, fouiller bien avant dans l'arsenal des tourments et des supplices que nos vieilles lois avaient mis au service du principe grossier de la vindicte publique : l'horreur et le dégoût qu'ils inspirent permettraient à peine de les rappeler ici. Et quoi de plus révoltant, en effet, que ce code criminel écrit par Pussort sous la dictée de Louis XIV, avec ses cent quinze cas de peine de mort, le refus d'un défenseur aux accusés, la torture comme méthode d'instruction, ces variétés d'exécution : la potence, le bûcher, la roue et tous ces raffinements de cruauté si complaisamment décrits dans les ordonnances !

Comment qualifier surtout ces aberrations rétrogrades des parlements qui, dans l'intervalle de quatre années, accumulèrent cette série d'atrocités judiciaires qui ont indigné l'Europe et immortalisé les noms de Calas, de Sirven, de La Barre et de Lally (1) ?

---

(1) Le 9 mars 1762, Calas expirait sur la roue ; la même année, Sirven n'échappait au supplice que par la fuite ; le 1ᵉʳ juillet 1766, le

Et si nous interrogeons les doctrines et les théories, que de tâtonnements ! que d'indécision ! Montesquieu, dans son *Esprit des lois*, avait, sans contredit, élevé le plus beau monument de la philanthropie du XVIII° siècle; cependant il était mort sans avoir trouvé au droit de punir d'autre fondement qu'une espèce de talion, et il avait accepté la peine capitale comme punition du vol dans plusieurs cas (1). Une nouvelle école, née de Montesquieu, mais plus ardente, plus enthousiaste, plus démocratique, héritant de ses vues, mais non de sa modération et de sa prudence, allait s'élancer dans la carrière qu'il venait d'ouvrir, elle allait susciter Beccaria à Milan et Filangieri à Naples : en France Servan fut son principal interprète.

Assurément, on ne trouvera dans ce discours sur l'administration de la justice criminelle, ni des expositions bien méthodiques, ni de savantes analyses, ni de rigoureuses démonstrations de ces problèmes si battus par la controverse de nos jours et dont on n'aura peut-être jamais le dernier mot, parce que la science des criminalistes est de celles qui se réalisent dans un progrès perpétuel dont le terme se recule sans cesse comme celui de la civilisation elle-même. Ce n'est pas là, du reste, ce qu'il faut chercher dans Servan. Servan est moins le philosophe qui observe et dogmatise que l'homme qui souffre et qui a

---

jeune chevalier de La Barre était décapité; il avait été condamné à être brûlé vif après avoir subi la torture ordinaire et extraordinaire, ainsi que la mutilation de la langue et du poing; il obtint, par grâce, d'avoir la tête tranchée avant que son corps fût jeté sur le bûcher; la mort du général Lally est du 9 mai 1766.

(1) *Esprit des Lois*, liv. XII, chap. IV, al. 12.

besoin de se plaindre : son langage n'est point tranchant et impérieux comme celui du philosophe ; il est pressant comme celui de la prière, impatient et enthousiaste comme celui de l'espérance, quelquefois acerbe et ironique comme celui de la souffrance. On retrouve ici le caractère dominant de son génie : cette sensibilité, qui déborde d'une âme bienveillante et tendre : soit qu'il nous représente l'affreux régime des prisons, soit qu'il réclame le droit de la défense égal au droit de l'accusation, soit qu'il s'indigne contre l'emploi de la torture, soit enfin qu'il réveille des scrupules tout nouveaux sur la légitimité de la peine de mort, il sait répandre partout l'émotion la plus vraie et la plus profonde ; et en le lisant on est forcé de descendre en soi-même pour y sentir tout ce que révèle la position d'un homme sous le coup d'une condamnation imméritée.

Au milieu de cette exaltation des sentiments les plus sublimes, on sent parfois l'esprit scientifique qui cherche à se faire jour, qui, cheminant à travers les périls et les égarements (1), s'efforce de dogmatiser ce qui n'avait été jusque-là que le rêve des philosophes et des publicistes, ce qui va devenir bientôt la base de notre législation positive, ce qui, tôt ou tard, doit planer sur les lois pénales de tous les peuples civilisés.

---

(1) On retrouve à chaque pas dans ce discours la distinction entre l'état de nature et l'état social ; cette distinction, fondamentale dans la philosophie du XVIIIe siècle, est rejetée et combattue par tous les publicistes du XIXe ; c'est ce qui a fait dire à M. Faustin Hélie, dans son introduction à la deuxième édition du Traité de droit pénal de Rossi : « La cause de l'état social est désormais gagnée ; la sociabilité est une « loi de la nature humaine ; la société est l'état naturel de l'homme. »

Certes, Messieurs, c'était bien là l'œuvre qui répondait aux instincts de la conscience publique : elle devait avoir, elle eut un immense retentissement. Mais, vingt ans avant que le parlement de Paris fît brûler par la main du bourreau l'éloquent mémoire de Dupaty (1), vous ne vous étonnerez pas qu'il se soit trouvé des hommes qui ont lancé à la tête de Servan l'accusation de parjure, et qui, malgré ses protestations, se sont fait une arme du serment du magistrat pour le blâmer d'avoir souhaité des améliorations et d'avoir espéré des réformes. Que répondre à cela? Cherchons ailleurs les obligations et les devoirs de la magistrature; Servan, du reste, n'a pas besoin d'être justifié, et n'avons-nous pas vu nous-mêmes, mes chers confrères, un magistrat dont le nom est encore dans toutes nos mémoires, qui, remplissant en cour d'assises la plus terrible des missions, laissait échapper de ces paroles qui faisaient assez sentir que chez lui la nécessité du devoir triomphait à peine des résistances du cœur?

Ne nous étonnons plus que les anciens de notre barreau aient fait de Servan leur manuel de cour d'assises ; ne nous étonnons plus que quelques-uns même aillent jusqu'à nous avouer qu'ils ont appris par cœur certaines de ces pages pour les réciter au banc de la défense : et c'est là, Messieurs, son plus bel éloge; c'est celui, du moins, qui plaît le plus à sa mémoire, car c'est l'éloge de

---

(1) Le discours sur l'administration de la justice criminelle a été prononcé à la rentrée du parlement de Grenoble, en 1766; l'arrêt du parlement de Paris qui condamna le mémoire de Dupaty à être brûlé, est du 11 août 1786.

sa véritable famille qui l'invoque pour s'inspirer encore de son souvenir !

Le temps me presse et me condamne à de regrettables sacrifices ; j'aurais aimé à vous parler de ce plaidoyer où il attaquait l'étrange maxime du président Faber : « *Creditur virgini se prægnantem asserenti ;* » maxime qui était devenue un fléau public et qui, disait-il : « lui laissait une plaie dans le cœur. » Je ne puis que vous rappeler aussi ce discours sur les mœurs, suivi d'une si magnifique ovation. On raconte qu'à le voir, lorsqu'il le prononça, on l'eût dit presque mourant, et l'on était étonné de voir sortir d'un corps si frêle une voix assez sonore pour remplir la plus vaste enceinte, et si douce, en même temps, qu'elle arrachait des larmes.

Nous touchons au moment où Servan va éprouver combien il est difficile d'enrayer sur la route des concessions que l'on fait à la faveur populaire. Il avait sacrifié ses forces et sa vie ; mais il n'était pas de ceux qui sacrifient la conviction et la pensée, et rien ne lui a manqué pour la gloire, car à côté de ses triomphes il a eu aussi ses revers.

Un singulier débat s'était élevé entre un grand seigneur du Dauphiné et une chanteuse d'opéra. Cette dernière s'était fait souscrire par le comte de Suze une obligation de 50,000 livres, et avec toute l'habileté et toute l'impudence du vice, elle venait réclamer, comme remboursement d'avances qu'elle prétendait avoir faites, ce qui, en réalité, n'était que le prix de ses faveurs et de sa honte. La plaideuse fut bien servie : les amis du luxe et du plaisir, — et ils ne manquaient pas alors, — étaient ses protecteurs naturels ; et il faut convenir qu'ils avaient beau jeu contre un homme de qualité que son blason désignait suffisamment à la malveillante jalousie du public, coupable d'ailleurs, et réduit à endurer le supplice de la publicité, parce qu'une union légitime et une famille l'obligeaient à se cramponner aux derniers lambeaux d'une fortune compromise par d'anciennes dissipations.

La querelle s'envenima bientôt; elle chatouillait si agréablement les passions de la multitude ! et, du reste, les menées partaient de haut; avec ou sans son consentement — je n'ai pu éclaircir ce point, — le nom du duc d'Orléans se trouvait dans le camp de la courtisane. Clameurs, placards, régiments de la garnison, tout fut mis en œuvre. Il n'y eut pas jusqu'au texte sacré du Décalogue : « *Non mœchaberis, furtum non facies* » qui ne fût prostitué au service de l'actrice; on en fit : « *Non mœchaberis* SED *furtum non facies.* » Tu ne forniqueras pas; mais, ce qui est bien plus capital, — pour une courtisane du moins, — tu ne voleras pas.

Servan, inébranlable ami des mœurs, appuya la demande en rescision du comte de Suze et attira ainsi sur lui tout ce déchaînement populaire; je vais le laisser parler, et si ses paroles ne sont pas trop affaiblies dans ma bouche, vous aurez, Messieurs, le véritable tableau de la situation :

« O mes concitoyens, dit-il, quoique solitaire, j'ai tout
« entendu, et je dois vous le redire : on a comploté de
« dire au peuple : Voilà la cause du fort contre le faible;
« on a comploté de dire au pauvre : voilà la cause du
« riche contre l'indigent; on a comploté de dire aux
« guerriers : voilà la cause de la bonne foi contre l'im-

« posture; on a comploté de s'écrier : tremblez pour
« vous, la justice va vous condamner tous dans un seul
« arrêt. Et vous auriez pu croire ces vils calomniateurs !
« Dites-leur, quand ils vous tiendront ce langage, dites-
« leur de nous amener le dernier des artisans pour récla-
« mer un juste salaire de l'homme le plus puissant ; qu'ils
« nous amènent le pauvre, humble et soumis, insulté
« par le riche; qu'ils amènent le mensonge, se jouant
« librement de ses propres signatures, et nous leur ap-
« prendrons alors à deviner nos arrêts; nous leur appren-
« drons si la faiblesse, si l'indigence, si la bonne foi doi-
« vent trembler pour elles aujourd'hui. »

Chose incroyable ! Servan n'avait pas seulement à lutter contre la troupe de forcenés qui assiégeait le palais ; les membres du parlement s'étaient associés aux idées populaires ; et après avoir occupé trois audiences, le magistrat rentrait chez lui, non seulement au milieu des menaces de la fureur et des insultes de la cabale, mais encore avec le désespoir de n'avoir pu convaincre les juges. Son courage pourtant n'est pas encore à bout: chaque jour il apporte au parlement la même conviction, la même sérénité. S'il ne peut assurer la victoire aux mœurs, du moins il les aura vengées; et voilà pourquoi il retient si longtemps le vice sous le glaive de son éloquence: il veut le punir; il veut le forcer à rougir, même de son triomphe; il veut le traîner à travers toutes les humiliations et toutes les ignominies, pour lui faire expier ce succès qu'il ne peut conjurer et que tant de symptômes lui montrent déjà comme inévitable. Mais, que ne dut-il pas souffrir, lui, si irritable et si sensible, en voyant la débauche effrontée répondre par de joyeux éclats aux efforts de sa parole indignée, et ameuter contre lui cette population qui tout à l'heure encore l'adorait, qui l'avait tant de fois enivré de ses applaudissements ?

Il allait tenter un dernier effort, lorsqu'il fut averti qu'on se proposait de siffler ses conclusions. Prenant alors une résolution extrême, il termina brusquement son discours dès le commencement de la quatrième audience, et annonça qu'il se démettait en même temps de sa charge.

Comment ne pas s'affliger, Messieurs, sur cette carrière à peine ouverte, qui vient échouer inachevée, interceptée avant l'heure, au seuil d'une commune admiration. Mais qui aurait le courage de le blâmer? Il y a dans ce sacrifice appuyé sur l'idée du devoir quelque chose qui s'harmonie si bien avec cette nature ombrageuse, indomptable et fragile, que l'on repousse bien vite tout soupçon de mesquine vanité et de petit orgueil.

En dépouillant la robe du magistrat, Servan ne devait ni s'endormir dans le repos, ni s'éclipser dans les dignités. Combien ne s'est-il pas fermé de théâtres ? combien ne s'est-il pas obstiné dans sa retraite ? combien ne s'est-il pas roidi contre la fortune ? Appelé en 1768 au Conseil de Louis XV, élu en 1789 par le bailliage d'Aix avec Mirabeau, qui se disait son ami, et plus tard pressé par le Sénat de venir siéger au Corps législatif, il repoussa tous ces honneurs et resta sourd à toutes ces prières, soit qu'il se fût révolté à l'idée d'un pouvoir qu'il fallait partager avec des ministres tels que Mme de Pompadour et Mme Dubarry; soit que l'épuisement de ses forces ne lui permît pas de s'associer à la grande œuvre de l'Assemblée constituante, soit enfin que sa fierté lui interdît d'échanger l'indépendance de sa retraite contre la dépendance des bienfaits, et lui commandât de résister aux élans d'une nation qui commençait à payer sa reconnaissance par l'oubli de la liberté.

Notre ordre s'ouvrit à l'exilé volontaire de la magistrature; c'était pour Servan comme un champ d'asile, et il sut le féconder; profitant de l'extension de puissance que lui donnait sa liberté, devenu, comme le lui écrivait Voltaire, l'avocat général de l'humanité, il s'attacha à secouer, d'une main plus vigoureuse encore, les vieux abus des lois criminelles. Dans son mémoire pour M. de Vocance, magistrat accusé d'empoisonnement et condamné, pour ainsi dire, sur les seules données de la rumeur publique, il renverse l'absurde théorie des preuves légales qui prétendait réduire en science exacte l'appréciation des actions humaines, et soumettait la conscience du juge à la rigueur inflexible d'un calcul arithmétique. Rien de plus beau que ce qu'il dit contre la détestable maxime consacrée par l'usage des parlements, qui permettait de punir la simple vraisemblance d'un grand crime par une peine plus légère que celle du crime avéré. Rien de plus humain et de plus vrai que ses réflexions sur la nécessité d'une instruction publique et contradictoire. Enfin, il réclame l'institution du jury, sans laquelle, dit-il, un homme tremblera toujours devant un autre homme méchant et plus puissant que lui.

L'activité de son esprit et sa verve scintillante se dépensaient en une série presque journalière de productions, les unes sérieuses, les autres enjouées et familières, toutes animées du prudent désir de porter sagement la main sur les priviléges avant que la violence s'armât de la cognée.

Le temps de la germination des principes était arrivé ; le trop long règne de Louis XV laissait à son vertueux successeur toute la charge des réformes et tout le poids des expiations. Les lois les plus équitables, éternel honneur de Louis XVI, ne tardèrent pas à sanctionner les conseils les plus généreux, et Servan commençait à recueillir le seul prix que pût ambitionner un cœur tel que le sien : la torture était abolie (1) ; ordre avait été donné de détruire tous les cachots pratiqués sous terre (2); les anciens serfs étaient affranchis (3), les corvées supprimées (4), l'état civil rendu aux protestants (5).

Ainsi le sol de la vieille monarchie se jonchait de ruines ; un roi humain et libéral s'était fait démolisseur lui-même. Pourquoi donc le nouvel édifice ne put-il sortir que des orages sanglants ?

N'accusons pas, Messieurs, les nobles et beaux sentiments qui animaient la grande âme de Servan, comme celles de Turgot, de Malesherbes, de notre Barnave et de notre Mounier. Ne calomnions pas cet enthousiasme de confiance, ces illusions d'espérances présomptueuses qui firent l'irrésistible élan de 89, si cruellement expié. En

---

(1) Abolition de la question préparatoire, déclaration du 24 août 1780. — *Recueil général des anciennes lois françaises*, par MM. Jourdan, Isambert, Decrusy, vol. XXVI, p. 373. — Abolition de la question préalable, déclaration du 1er mai 1788. — Vol. XXVIII, p. 376 du *Recueil*.
(2) Déclaration du 5 août 1780. — Vol. XXVI, p. 376 du *Recueil*.
(3) Déclaration d'août 1779. — Vol. XXVI, p. 139 du *Recueil*.
(4) Déclaration du 27 juin 1787. — Vol. XXVIII, p. 374 du *Recueil*.
(5) Déclaration de novembre 1787. — Vol. XXVIII, p. 472 du *Recueil*.

étalant les maux qu'ils étaient impuissants à guérir, pouvaient-ils prévoir qu'ils pressaient la désorganisation de l'Etat et qu'ils précipitaient la France vers un si effroyable dénouement ?

Quel est l'esprit élevé, quel est le cœur droit et humain qui n'aient partagé ces premiers enivrements de la joie nationale ?

Servan s'y livra avec toute l'impétuosité de son caractère et toute la pureté de son âme. Dans un de ces transports qui le montrent tout entier, devant l'Académie de Lyon, il avait dit : « Notre monarque est jeune et nous ne sommes pas encore au tombeau ! Quand l'aurore paraît, oublions la nuit et sachons attendre le jour ! »

O Servan ! digne rival de Malesherbes (1), ne parlez plus ni de la jeunesse du monarque, ni de ce qu'il vous reste encore d'existence à subir; le monarque duquel vous avez obtenu déjà tant de choses, duquel vous pouvez tout espérer, il n'a plus qu'à préparer son sacrifice, et pour vous, la vie sera trop longue, car vous devrez encore la traîner dans l'exil (2), vous devrez traverser une mer épouvantable de sang, et sur l'autre rivage vous ne pourrez qu'entrevoir, dans votre dernière vieillesse, le conquérant qui réhabilitera la France, et dont le Code pourtant, ne suffira pas pour vous faire absoudre son gouvernement absolu (3) !

---

(1) Servan a disputé à Malesherbes la gloire périlleuse de défendre Louis XVI.

(2) Il se retira en Suisse pendant la Terreur ; il a quitté la France en proscrit, non en émigré.

(3) Il mourut à Saint-Rémy, près de Tarascon, dans son château de Roussan, le 4 novembre 1807. — M. Clavel, maire de Saint-Rémy,

— 32 —

Il nous est permis à nous, Messieurs, à plus d'un demi-siècle de distance, de ne voir dans cette révolution

---

a bien voulu nous fournir, sur ses dernières années, quelques détails intéressants et très-précieux pour faire connaître la vie intime de Servan, qui est restée presque complétement ignorée. On nous saura gré de les reproduire :

« Quelques années après avoir quitté le parlement de Grenoble, où
« il remplissait avec tant d'éclat les fonctions d'avocat général, M. de
« Servan se retira à Saint-Rémy, dans son château de Roussan.

« La belle fortune qu'il possédait lui permit de faire des expériences
« nombreuses en agriculture, dont le pays a profité; il lui doit l'in-
« troduction de la pomme de terre, ressource immense pour nos
« contrées, qui n'ont pas encore perdu le souvenir de ce bienfait.

« Bienfaiteur des pauvres, il leur distribuait des consolations et des
« aumônes, suivant leurs besoins; ennemi implacable de la paresse et
« de l'oisiveté, il déguisait ses dons sous l'apparence d'une rémunéra-
« tion de travail; il répondit un jour à son intendant qui se plaignait
« que ses travaux, confiés à tant de personnes de tout âge, n'avançaient
« pas : *Il me suffit qu'ils paraissent s'occuper.*

« Sa maison était ouverte à tout ce que Saint-Rémy possédait
« d'hommes instruits; sa conversation était remplie de finesse et
« d'esprit.

« Cette heureuse existence, au milieu de sa nombreuse famille dont
« il faisait les délices, se prolongea jusqu'au 4 novembre 1807, époque
« de sa mort.

« Son testament, qui témoigne de la bonté de son cœur, disait :
« *Je désirerais que mon frère Michel employât l'influence qu'il a*
« *sur ma famille, pour l'engager à venir passer ses hivers à*
« *Roussan, auprès de mon épouse, si elle persiste à y résider,*
« *comme je l'y exhorte; l'idée de ce rassemblement dans ce lieu où*
« *j'ai terminé ma carrière, l'espoir d'y être rappelé par leur*
« *souvenir, est une consolation pour ma vieillesse, et m'adoucit*
« *l'attente prochaine du moment où je ne pourrai plus exister que*
« *dans la mémoire de ceux que j'ai aimés.*

« M. de Servan avait emporté, en mourant, les regrets de tous les
« gens de bien; son tombeau n'a pas d'épitaphe; il n'en avait pas besoin
« pour rappeler l'homme de bien dont il renfermait la dépouille
« mortelle. »

que ce qu'elle avait de bon, de désirable, de providentiel ; il nous est permis de détourner nos regards des échafauds pour n'admirer que ce qu'elle nous a laissé d'idées vraiment civilisatrices et vraiment chrétiennes. Mais Servan, qui, avec le secours régulier de la monarchie, aurait voulu tout changer, sans secousse, sans malheur, pouvait-il assister froidement aux mécomptes de ses vœux les plus purs ? pouvait-il assez s'unir de son exil à ces autres victimes qui voulaient : « *pétrir dans leur fange les bourreaux barbouilleurs de lois* (1) ? »

Il faut aller plus loin, Messieurs : dans cette âme désolée, l'amertume des déceptions emprunta quelque chose aux amertumes d'un remords impossible : il se crut un instant coupable ; il l'avoua avec candeur, avec simplicité.

Et, comme s'il fût devenu incapable de tout travail qui ne fût un effort d'indignation et de douleur, il se plaisait à retracer l'histoire des proscriptions et des vengeances qui souillèrent les républiques anciennes et dont il avait sous les yeux la plus effrayante image.

Ecartons, Messieurs, ces sinistres souvenirs ; remontons plus haut : là nous trouverons l'abolition de la torture, l'amélioration de notre régime pénitentiaire, l'introduction des premières idées de tolérance religieuse. Voilà, Messieurs, voilà son œuvre, voilà ses vrais titres de gloire que personne ne saurait lui disputer, et qui, certes, sont bien suffisants pour lui mériter toute notre reconnaissance et toute notre admiration : sous le règne de l'intolérance et de l'arbitraire, il avait forcé

---

(1) André Chénier.

l'attendrissement des cœurs, il avait su effrayer les juges eux-mêmes de leur redoutable puissance.

Ce qui résume son influence : c'est qu'il vivait à cette époque où de trop légitimes craintes avaient fait souhaiter aux plus sages que les filles protestantes ne trouvassent pas d'époux, et lui voulait une législation qui, laissant à chacun sa croyance, vît d'un œil égal tous les hommes, pour n'exiger d'eux que l'obéissance du citoyen ; c'est qu'il vivait à cette époque où, sur la simple vraisemblance du crime, nos lois laissaient flétrir l'innocent que la calomnie n'avait pu convaincre, et lui voulait qu'il n'y eût de condamnation qu'à l'unanimité des suffrages d'un jury ; c'est qu'il vivait à cette époque où l'inégalité des pouvoirs et des charges était abandonnée au hasard de la naissance ou à une honteuse vénalité, et lui voulait que l'inégalité des pouvoirs et des charges fût mesurée sur celle de l'estime, parce qu'il voulait aussi que l'inégalité de l'estime fût proportionnée à celle du mérite. C'est qu'il vivait à cette époque, enfin, Messieurs, où les mœurs, encore tout ébranlées des plus violentes secousses, se débattaient impuissantes, et lui, lui ne s'était pas contenté d'écrire en leur honneur un magnifique discours, il ne s'était pas contenté de donner pendant toute sa vie l'exemple des plus austères vertus, il avait su encore leur sacrifier cette magistrature qu'il aimait, sa popularité, sa gloire naissante, déposant entre les mains de la justice ce dernier vœu :

Et mes derniers regards auront vu fuir le vice (1).

Je ne sais, mes chers confrères, si je ne me suis pas

---

(1) Imitation de *Mithridate*. — Racine, acte V, scène v.

laissé entraîner aux écarts d'une contemplation peut-être trop vive; mais vous me pardonnerez bien quelque jalousie, quelque partialité, pour cette gloire qui est si bien la nôtre, qui résume si bien ces principes auxquels tous nous avons voué notre vie, qui réalise si dignement cette consolante maxime : « Les grandes pensées viennent du cœur ! »

Grenoble, imp. MAISONVILLE, rue du Quai, 8, vis-à-vis le Jardin de Ville.

www.ingramcontent.com/pod-product-compliance
Lightning Source LLC
Chambersburg PA
CBHW060903050426
42453CB00010B/1561